2017 개정된 국어 교과서에 따른

글씨체 따라쓰기

① -1

편집부편

와이 앤 엠

차 례

2017 개정된 국어 교과서에 따른

글씨체 따라 쓰기

①-1

1.자음자 배우기1

⭐ 자음자의 이름을 알아보고 ㄱ~ㅅ까지 따라 써 봅시다.

기역	니은	디귿	리을	미음	비읍	시옷
ㄱ	ㄴ	ㄷ	ㄹ	ㅁ	ㅂ	ㅅ
ㄱ	ㄴ	ㄷ	ㄹ	ㅁ	ㅂ	ㅅ
ㄱ	ㄴ	ㄷ	ㄹ	ㅁ	ㅂ	ㅅ

☆ 'ㄱ~ㅅ' 까지의 자음자를 예쁘게 따라 써 봅시다.

ㄱ	ㄱ	ㄱ	ㄱ	ㄱ	ㄱ	ㄱ	ㄱ
ㄴ	ㄴ	ㄴ	ㄴ	ㄴ	ㄴ	ㄴ	ㄴ

ㄷ	ㄷ	ㄷ	ㄷ	ㄷ	ㄷ	ㄷ	ㄷ
ㄹ	ㄹ	ㄹ	ㄹ	ㄹ	ㄹ	ㄹ	ㄹ

ㅁ	ㅁ	ㅁ	ㅁ	ㅁ	ㅁ	ㅁ	ㅁ
ㅂ	ㅂ	ㅂ	ㅂ	ㅂ	ㅂ	ㅂ	ㅂ

ㅅ	ㅅ	ㅅ	ㅅ	ㅅ	ㅅ	ㅅ	ㅅ
ㅅ	ㅅ	ㅅ	ㅅ	ㅅ	ㅅ	ㅅ	ㅅ

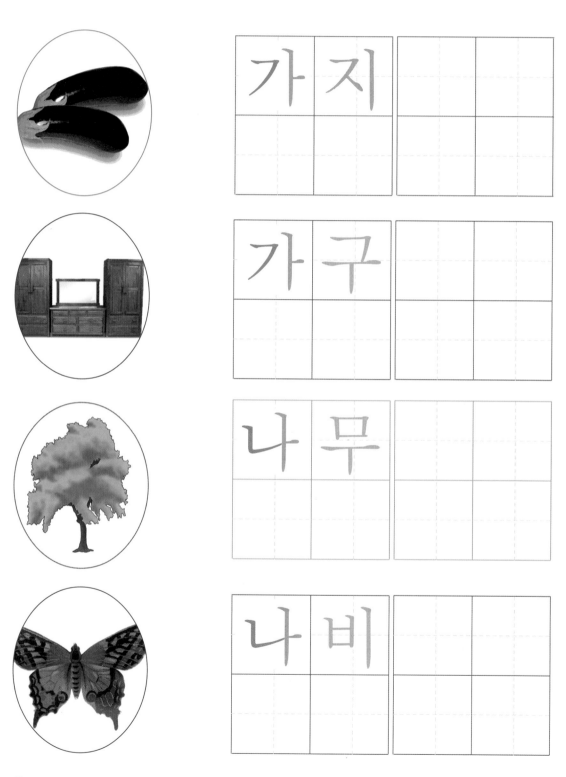

가지

가구

나무

나비

다	리	미

다	섯		

소	라		

라	면		

9

마늘

마차

바다

바지

사	다	리

사	슴		

사	탕		

마	루		

2.자음자 배우기2

⭐ 자음자의 이름을 알아보고 ㅇ~ㅎ까지 따라 써 봅시다.

이응	지읒	치읓	키읔	티읕	피읖	히읗
ㅇ	ㅈ	ㅊ	ㅋ	ㅌ	ㅍ	ㅎ
ㅇ	ㅈ	ㅊ	ㅋ	ㅌ	ㅍ	ㅎ
ㅇ	ㅈ	ㅊ	ㅋ	ㅌ	ㅍ	ㅎ

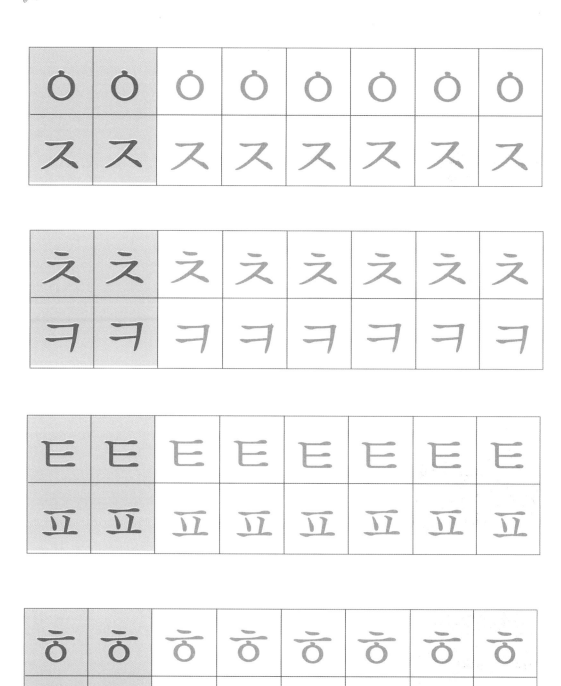

⭐ 'ㅇ~ㅋ'까지의 자음자를 익히며 예쁘게 따라 써 봅시다.

아	침		

아	기		

자	두		

자	동	차

차	표		

치	즈		

카	드		

커	피		

타 올

타 잔

파 도

파 리

16

하	늘	소

하	늘		

하	마		

파	랑	새

★ 자음자 쓰는 순서를 알아 봅시다.

기역　니은　디귿　리을

미음　비읍　시옷　이응

지읒　치읓　키읔　티읕

피읖　히읗

☆ 'ㄱ~ㅎ' 까지의 자음자를 예쁘게 따라 써 봅시다.

ㄱ	ㄱ	ㄱ	ㄱ
ㄴ	ㄴ	ㄴ	ㄴ

ㄷ	ㄷ	ㄷ	ㄷ
ㄹ	ㄹ	ㄹ	ㄹ

ㅁ	ㅁ	ㅁ	ㅁ
ㅂ	ㅂ	ㅂ	ㅂ

ㅅ	ㅅ	ㅅ	ㅅ
ㅇ	ㅇ	ㅇ	ㅇ

ㅈ	ㅈ	ㅈ	ㅈ
ㅊ	ㅊ	ㅊ	ㅊ

ㅋ	ㅋ	ㅋ	ㅋ
ㅌ	ㅌ	ㅌ	ㅌ

ㅍ	ㅍ	ㅍ	ㅍ
ㅎ	ㅎ	ㅎ	ㅎ

가	구
가	구

가	마
가	마

가	방
가	방

가	슴
가	슴

가	지
가	지

가	족
가	족

거	미
거	미

거	북	이
거	북	이

거	위
거	위

고	구	마
고	구	마

호	랑	나	비
호	랑	나	비

☆ 지금까지 배운 낱말을 예쁘게 따라 써 봅시다.

치	즈	아	침	타	올	자	동	차
치	즈	아	침	타	올	자	동	차

비	행	기	운	동	장	파	랑	새
비	행	기	운	동	장	파	랑	새

나	물	나	뭇	잎	날	다	람	쥐
나	물	나	뭇	잎	날	다	람	쥐

⭐ 지금까지 배운 낱말을 예쁘게 따라 써 봅시다.

나	팔
나	팔

낙	지
낙	지

라	면
라	면

소	라
소	라

마	늘
마	늘

사	탕
사	탕

마	루
마	루

다	람	쥐
다	람	쥐

아	침
아	침

너	구	리
너	구	리

밤	길	에	서
밤	길	에	서

22

⭐ 지금까지 배운 낱말을 예쁘게 따라 써 봅시다.

다	리
다	리

누	나
누	나

타	올
타	올

자	동	차
자	동	차

비	행	기
비	행	기

운	동	장
운	동	장

파	랑	새
파	랑	새

가	구
가	구

고	무	신
고	무	신

걸	어	가	면
걸	어	가	면

⭐ 모음 ㅏ,ㅑ,ㅓ,ㅕ,ㅗ 가 ㄱ,ㄴ,ㄷ,ㄹ을 만났을 때 어떤 글자가 되는 지 보고 아래에 따라 써 봅시다.

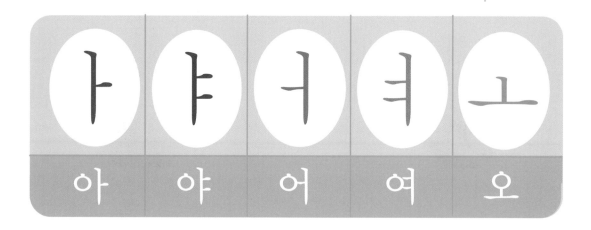

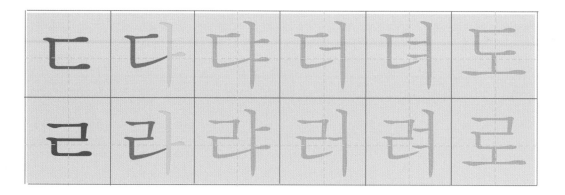

☆ 모음 ㅛ, ㅜ, ㅠ, ㅡ, ㅣ가 ㅁ, ㅂ, ㅅ, ㅇ을 만났을 때 어떤 글자가 되는 지 보고 아래에 따라 써 봅시다.

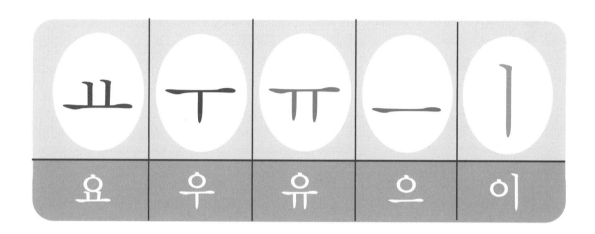

ㅛ	ㅜ	ㅠ	ㅡ	ㅣ
요	우	유	으	이

ㅁ	묘	무	뮤	므	미
ㅂ	뵤	부	뷰	브	비

ㅅ	쇼	수	슈	스	시
ㅇ	요	우	유	으	이

★ '｜ ～ ｜' 까지의 모음자를 익히며 예쁘게 따라 써 봅시다.

아기

아침

아빠

야구

어망

어제

여치

여우

★ '丄~ㅠ' 까지의 모음자를 익히며 예쁘게 따라 써 봅시다.

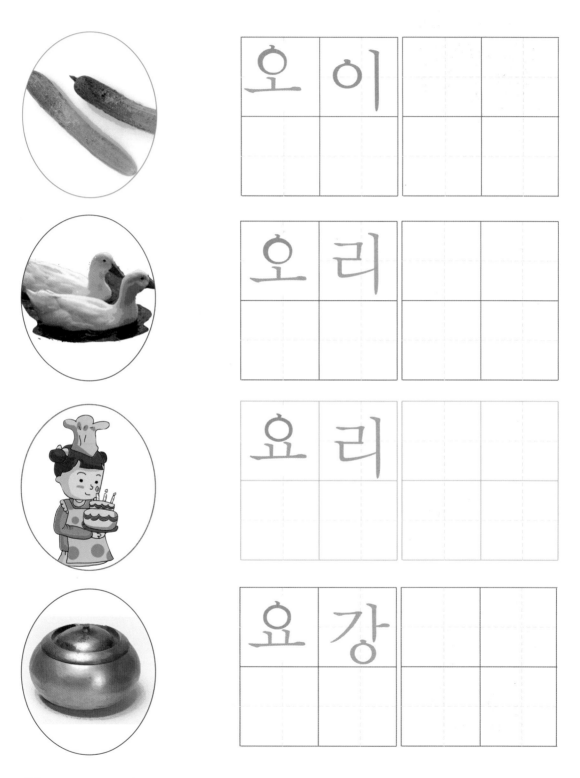

오 이

오 리

요 리

요 강

우물

우박

유리

유령

★ '—~ㅣ'까지의 모음자를 익히며 예쁘게 따라 써 봅시다.

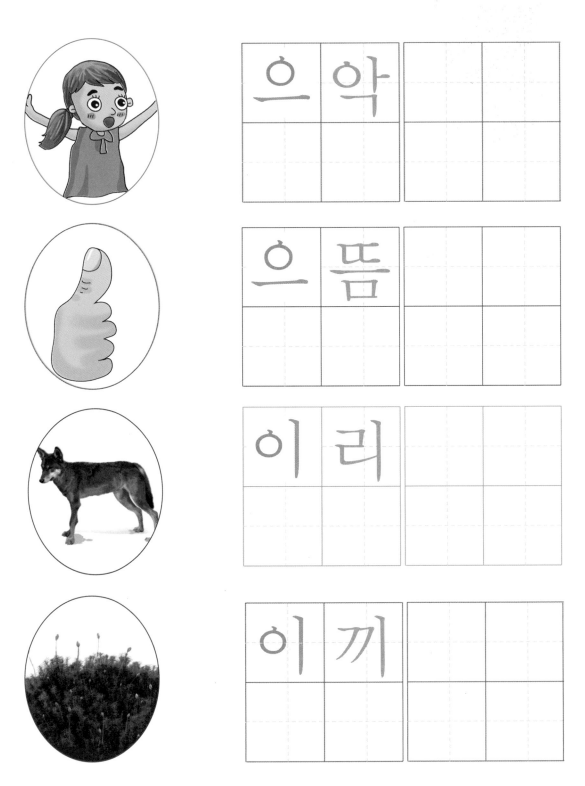

으악

으뜸

이리

이끼

☆ 그림을 보고 서로 알맞은 것끼리 선으로 연결하여 봅시다.

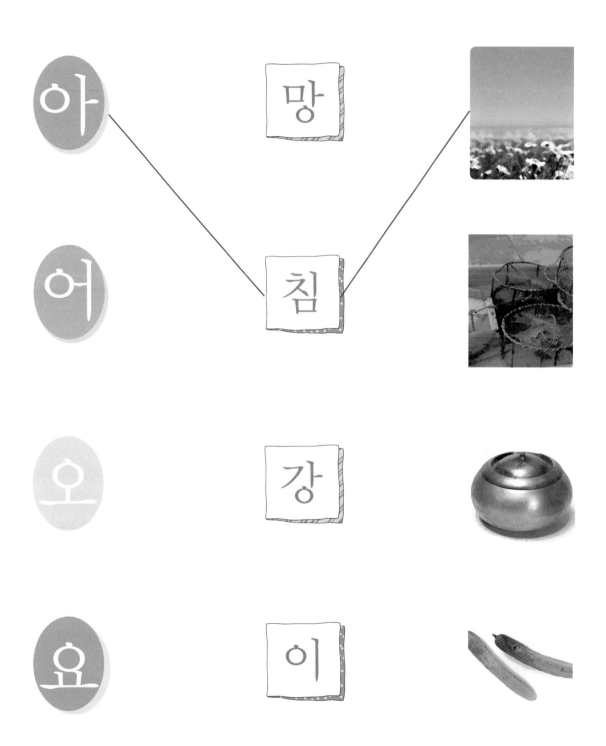

★ 다람이가 그림책에서 본 것입니다. 그림을 보고 알맞은 글자를 써 넣어 주세요.

| 사다리 | 바다 | 너구리 | 교실 |
| 실내화 | 바구니 | 연필 | 필통 |

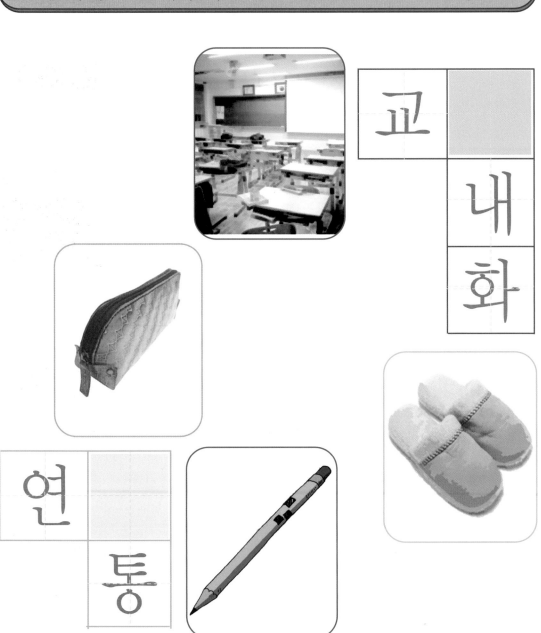

교	
내	
화	

| 연 | |
| 통 | |

다
구
니

사
다
너구

교실

실내화

연필

필통

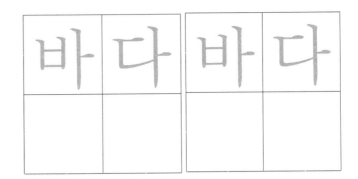

바다 바다

바구니

너구리

사다리

★ 그림과 맞게 연결하여 낱말을 만들어 봅시다.

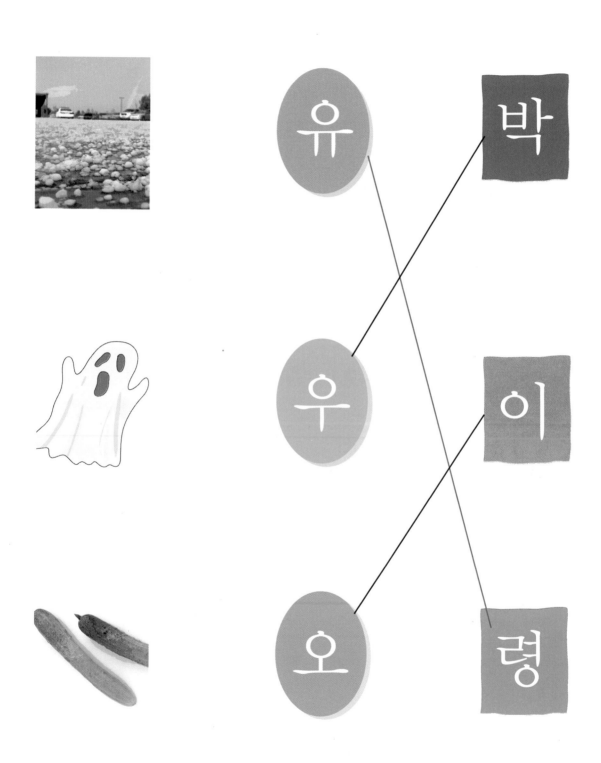

우 물

우 박

유 모 차

유 령

★ 그림과 맞게 연결하여 낱말을 만들어 봅시다.

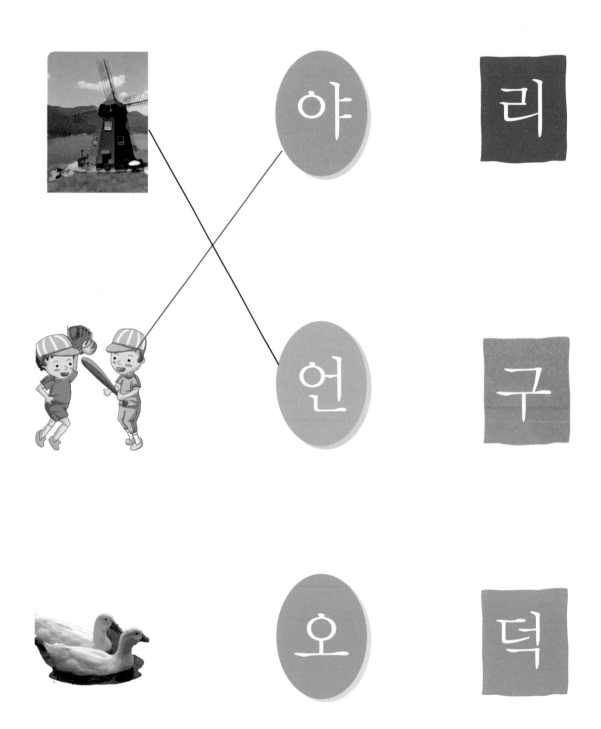

야구

언덕

여섯

오리

☆ 가로, 세로 퍼즐을 풀고 오른쪽에 예쁘게 따라 써
봅시다.

다리　　할머니　　기타　　파리　　파도
타잔　　조개　　할미꽃　　판다　　타조

☆ 나음 낱말을 예쁘게 따라 써 봅시다.

판다

다리

할미꽃

할머니

★ 아래에서 같은 모음이 들어간 글자를 서로 선으로 연결해 봅시다.

ㅕ　ㅋ　ㅗ　ㅠ

어　보　여　유

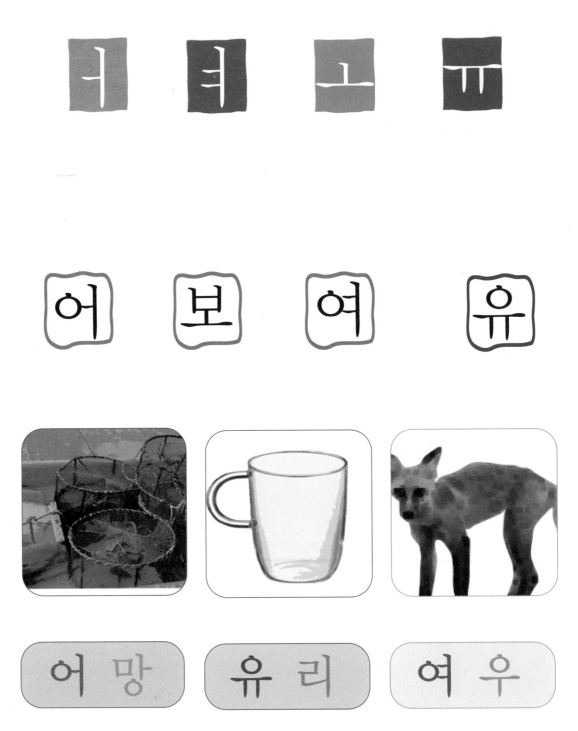

어 망　유 리　여 우

★ 'ㅓ~ㅗ'까지의 모음자를 익히며 예쁘게 따라 써 봅시다.

어	망		

여	우		

유	리		

오	징	어

이 리   우 유   으 뜸

☆ ' ㅜ~ㅣ ' 까지의 모음자를 익히며 예쁘게 따라 써 봅시다.

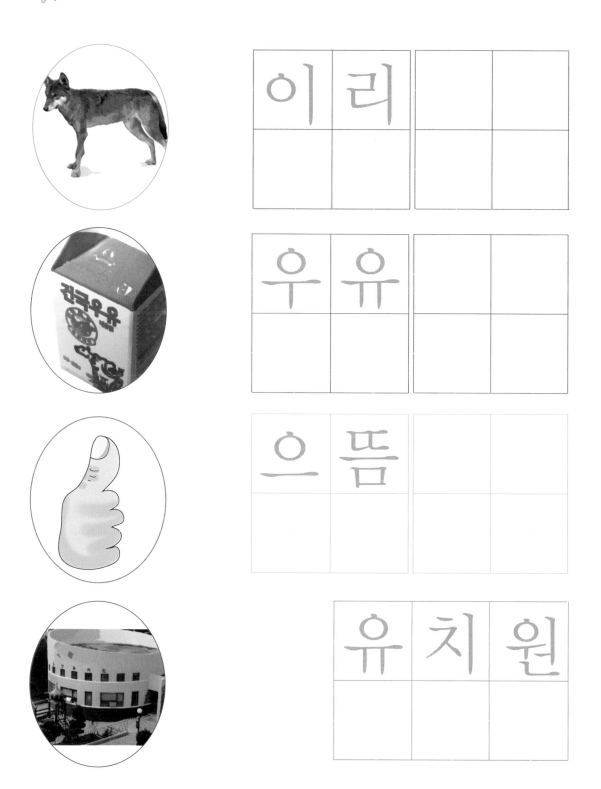

이 리

우 유

으 뜸

유 치 원

★ 지금까지 배운 낱말을 예쁘게 따라 써 봅시다.

마	루
마	루

마	차
마	차

마	트
마	트

매	미
매	미

모	기
모	기

무	릎
무	릎

미	역
미	역

바	구	니
바	구	니

바	늘
바	늘

미	나	리
미	나	리

미	루	나	무
미	루	나	무

⭐ 지금까지 배운 낱말을 예쁘게 따라 써 봅시다.

바	둑
바	둑

바	위
바	위

바	지
바	지

병	아	리
병	아	리

보	리	밭
보	리	밭

비	빔	밥
비	빔	밥

사	다	리
사	다	리

사	막
사	막

사	마	귀
사	마	귀

사	탕	수	수
사	탕	수	수

☆ 지금까지 배운 낱말을 예쁘게 따라 써 봅시다.

소	라	수	건	수	박	시	소
소	라	수	건	수	박	시	소

신	발	아	빠	아	기	소	방	차
신	발	아	빠	아	기	소	방	차

선	물	수	돗	물	수	도	꼭	지
선	물	수	돗	물	수	도	꼭	지

아	침	언	덕	야	구	실	내	화
아	침	언	덕	야	구	실	내	화

아	기	곰	아	저	씨	약	수	터
아	기	곰	아	저	씨	약	수	터

어	부	얼	룩	말	아	랫	마	을
어	부	얼	룩	말	아	랫	마	을

⭐ 모음자 쓰는 순서를 알아 봅시다.

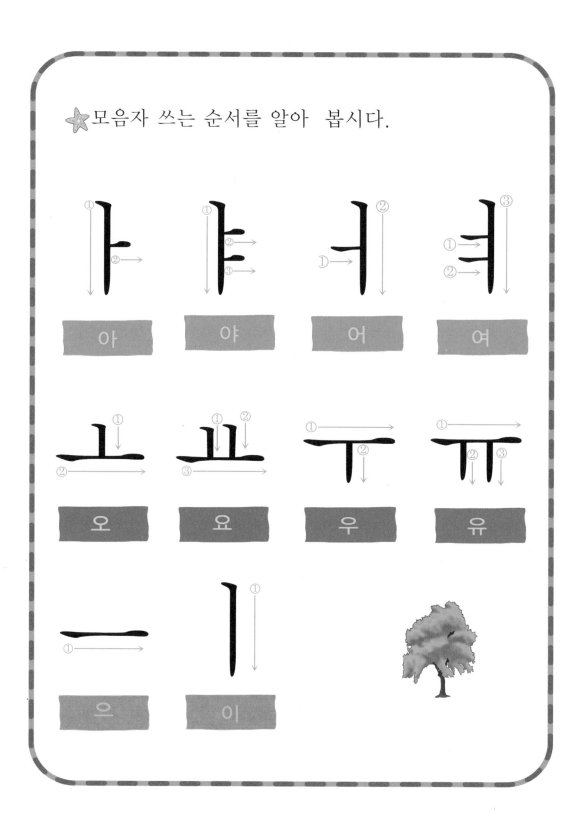

⭐ 'ㅏ~ㅣ' 까지의 모음자를 예쁘게 따라 써 봅시다.

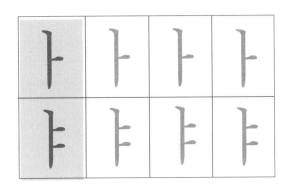

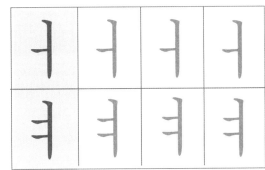

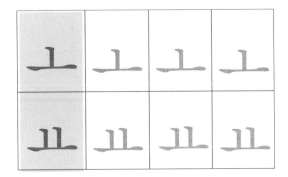

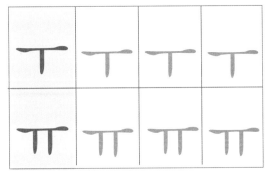

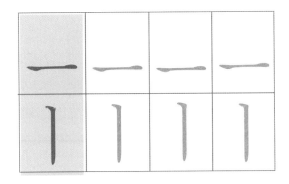

⭐ 자음자와 모음자를 짝지워 낱말을 만들어 봅시다.

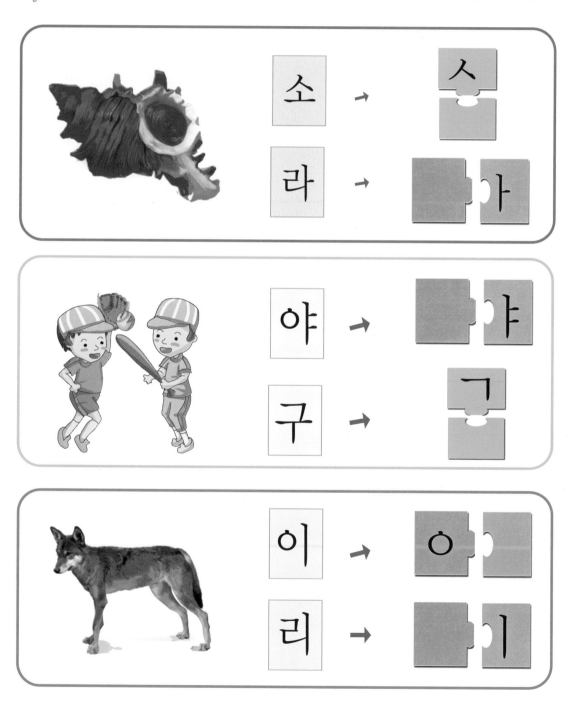

⭐ 만들어진 낱말을 예쁘게 따라 써 봅시다.

소 라

야 구

이 리

⭐ 자음자와 모음자를 짝지워 낱말을 만들어 봅시다.

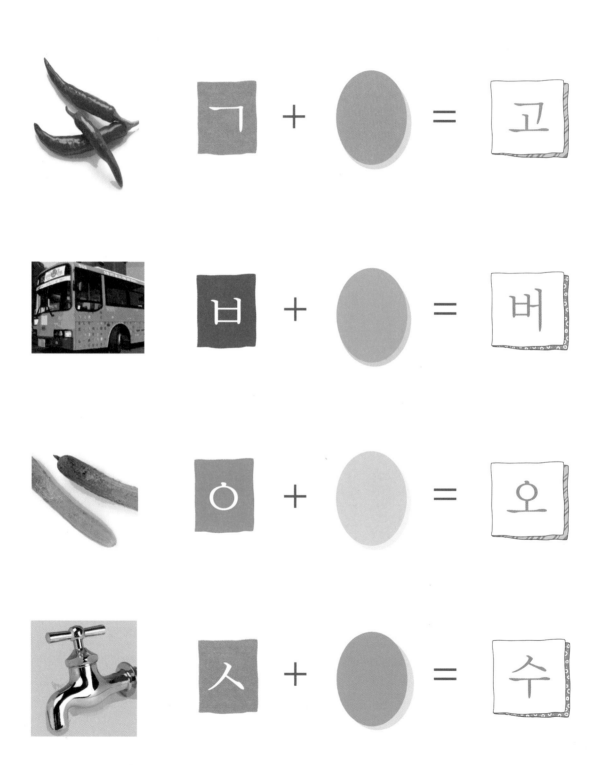

ㄱ + ◯ = 고

ㅂ + ◯ = 버

ㅇ + ◯ = 오

ㅅ + ◯ = 수

☆ 만들어진 낱말을 예쁘게 따라 써 봅시다.

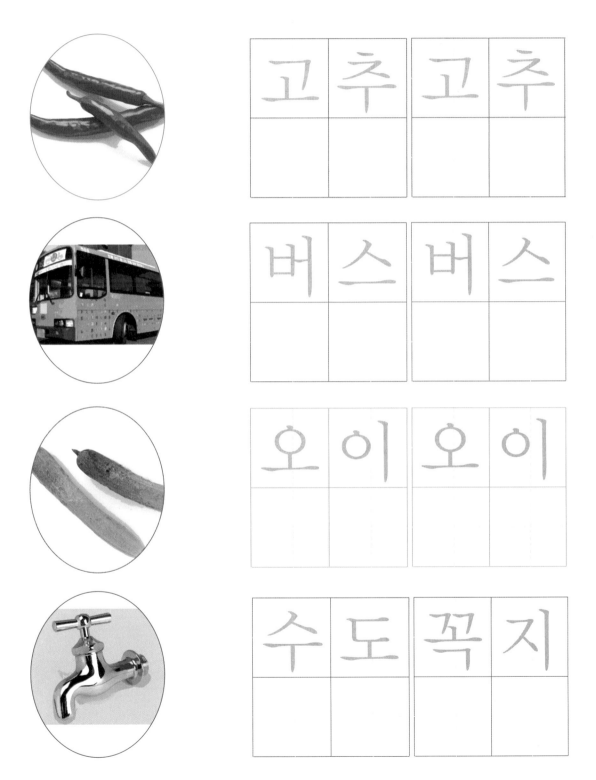

고	추	고	추

버	스	버	스

오	이	오	이

수	도	꼭	지

자음자와 모음자를 짝지워 낱말을 만들어 봅시다.

  +  = 여

 +  = 자

 + = 초

 +  = 치

☆ 만들어진 낱말을 예쁘게 따라 써 봅시다.

여우

자라

초가

치약

★ 보기와 같이 자음자와 모음자를 짝지워 낱자를 만들어 봅시다.

보기

ㄱ + ㅗ + ㅇ = 공

ㅇ + ○ + ㄴ = 인

ㅅ + ㅏ + □ = 삼

ㅈ + ㅏ + □ = 잔

ㄷ + ㅣ = 디

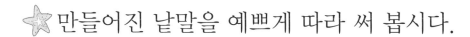 만들어진 낱말을 예쁘게 따라 써 봅시다.

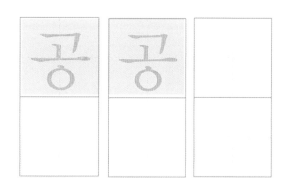

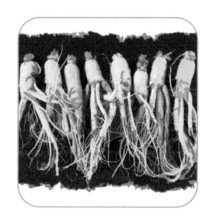

  +  =

  + 一 = 주

 +  = 채

 + ㅓ =

60

만들어진 낱말을 예쁘게 따라 써 봅시다.

이	불		

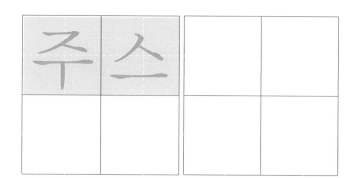

주	스		

채	소		

★ 보기와 같이 글자에 받침을 더하여 새로운 글자를 만들고 읽어 봅시다.

무 + ㄹ 　무
ㄹ

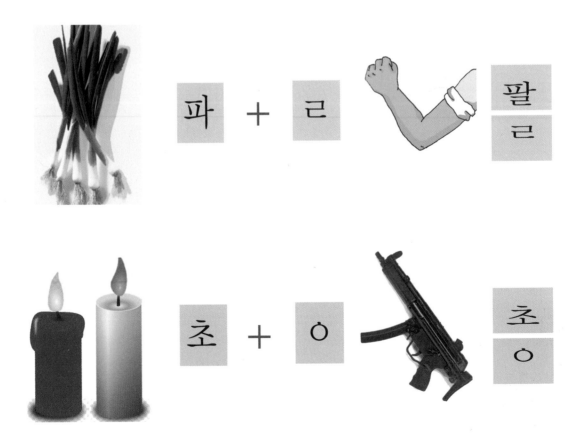

파 + ㄹ 　팔
ㄹ

초 + ㅇ 　초
ㅇ

만들어진 낱말을 예쁘게 따라 써 봅시다.

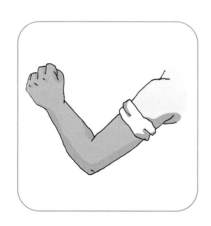

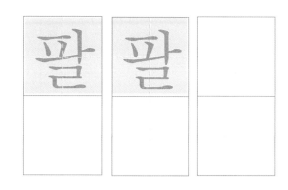

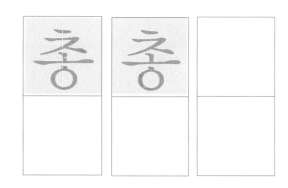

⭐ 자음과 모음을 넣어 다음의 낱말을 완성하여 봅시다.

하 마

ㅏ　ㅁ

만든 낱말

고 래

ㄱ　ㄹ

만든 낱말

거 미

ㅓ　ㅁ

만든 낱말

64

하	마		

고	래		

거	미		

★ 다음의 낱말을 만들어 봅시다.

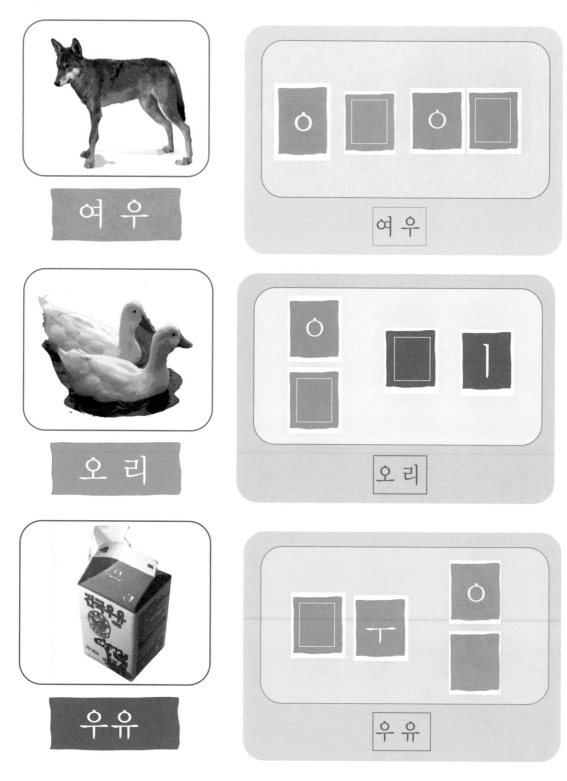

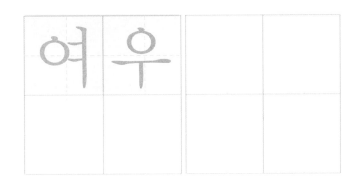

여우

오리

우유

⭐ 다음 표의 파란색 글자와 빨간색 글자를 읽어 봅시다.

모음자 / 자음자	ㅐ (애)	ㅔ (에)	ㅘ (와)	ㅚ (외)	ㅟ (위)	ㅢ (의)
ㄱ (기역)	개	게	과	괴	귀	긔
ㄴ (니은)	내	네	놔	뇌	뉘	늬
ㄷ (디귿)	대	데	돠	되	뒤	듸
ㄹ (리을)	래	레	롸	뢰	뤼	릐
ㅁ (미음)	매	메	뫄	뫼	뮈	믜
ㅂ (비읍)	배	베	봐	뵈	뷔	븨

모음자 자음자	ㅐ (애)	ㅔ (에)	ㅘ (와)	ㅚ (외)	ㅟ (위)	ㅢ (의)
ㅅ(시옷)	새	세	솨	쇠	쉬	싀
ㅇ(이응)	애	에	와	외	위	의
ㅈ(지읒)	재	제	좌	죄	쥐	즤
ㅊ(치읓)	채	체	촤	최	취	츼
ㅋ(키읔)	캐	케	콰	쾨	퀴	킈
ㅌ(티읕)	태	테	톼	퇴	튀	틔
ㅍ(피읖)	패	페	퐈	푀	퓌	픠
ㅎ(히읗)	해	헤	화	회	휘	희

⭐ 다음 빈칸에 들어갈 낱말을 아래에 써 봅시다.

☆ 빈칸에 들어간 낱말을 아래에 따라 써 봅시다.

바람이 | 분다

비가 | 온다

참새가 | 운다

꽃이 | 피었다

⭐ 다음 빈칸에 들어갈 낱말을 아래에 써 봅시다.

국어 ☐☐

시

아기가 ☐☐

잔

파도가 ☐☐

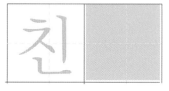
친

불이 ☐☐

났

☆ 빈칸에 들어간 낱말을 아래에 따라 써 봅시다.

국어

시 간

아기가

잔 다

파도가

친 다

불이

났 다

⭐다음 빈칸에 알맞은 글자를 써 봅시다.

말이 ☐☐

뛴

아빠의 ☐

생

밥을 ☐☐☐

먹는

둘은 ☐☐

친구

빈칸에 들어간 낱말을 아래에 따라 써 봅시다.

말이   뛴다

아빠의   생일

밥을   먹는다

둘은   친구다

바람이 분다.

바람이 분다.

바람이 분다.

비가 온다.

비가 온다.

비가 온다.

참새가 운다.

참새가 운다.

참새가 운다.

⭐ 글을 예쁘게 따라 써 봅시다.

엄	마	가		빈	다	.			
엄	마	가		빈	다	.			
엄	마	가		빈	다	.			

파	도	가		친	다	.			
파	도	가		친	다	.			
파	도	가		친	다	.			

영	수	가		간	다	.			
영	수	가		간	다	.			
영	수	가		간	다	.			

글을 읽고 다음에 예쁘게 따라 써 보세요.

국어 가-110쪽

밤길

김종상

어두운 밤길에서

넘어질까 봐,

달님이 따라오며

비추어 줘요.

혼자서 걸어가면

심심할까 봐, 개구리 개굴개굴

노래해 줘요.

밤길

밤길

김종상

김종상

어두운 밤길에서

어두운 밤길에서

넘어질까 봐.

넘어질까 봐.

달님이 따라오며

글씨를 예쁘게 따라 써 봅시다.

달님이 따라오며

비추어 줘요.
비추어 줘요.

혼자서 걸어가면
혼자서 걸어가면

심심할까 봐, 개
심심할까 봐, 개

구리 개굴개굴
구리 개굴개굴

글을 읽고 다음에 예쁘게 따라 써 보세요.

이가 아파서 치과에 가요

한규호

자라가 이가 아파서 치과에 가요.

느리게 기어가다가 토끼와 마주쳐요.

"자라야, 어디 가니?"

"이가 너무 아파서 치과에 가요."

"내가 치과에 데려다줄게."

토끼가 너무 서두르다가 다쳐요.

"아야, 아야, 다리가 너무 아파!"

토끼가 아파해요.

그때, 노루가 뛰어와서 도와줘요.

"토끼야, 왜 우니?"

"다리가 너무 아파요."

"다리가 아프다고?

내가 외과에 데려다 주마.

토끼야, 어서 타거라.

자라야, 너도 타려무나."

"고마워요, 노루 아저씨."

이가 아파서

치과에 가요

자라가 이가 아파

서 치과에 가요.

느리게 기어가다가

느리게 기어가다가

토끼와 마주쳐요.

자라야, 어디 가니?"

"이가 너무 아파

서 치과에 가요."

"내가 치과에 데

"내가 치과에 데

려다줄게. "

려다줄게. "

토끼가 너무 서두

토끼가 너무 서두

르다가 다쳐요.

르다가 다쳐요.

"아야, 아야, 다리

"아야, 아야, 다리

가 너무 아파!"

토끼가 아파해요,

그때, 노루가 뛰어

와서 도와줘요.

"토끼야, 왜 우니?"

87

"토끼야, 왜 우니?"

"다리가 너무 아

파요."

"다리가 아프다고?

내가 외과에 데려

다 주마.

토끼야, 어서 타거

라.

자라야, 너도 타려

무나."

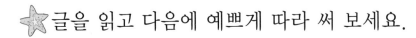글을 읽고 다음에 예쁘게 따라 써 보세요.

국어 나-162쪽

구름 놀이

한태희

예쁜 꽃이 피었습니다.

깡충깡충

아, 토끼야, 너였구나.
내가 언덕을 만들어 줄테니 쉬어서
가렴.

폴짝폴짝

토끼야, 왜 그렇게 도망가니?

좀 더 놀다가 가렴.

★ 글자를 예쁘게 따라 써 봅시다.

예쁜 꽃이 피었습니다.

예	쁜		꽃	이		피	었	습	니
예	쁜		꽃	이		피	었	습	니
예	쁜		꽃	이		피	었	습	니

아, 토끼야,너였구나.

아	,	토	끼	야	,	너	였	구	나
아	,	토	끼	야	,	너	였	구	나
아	,	토	끼	야	,	너	였	구	나

내가 언덕을 만들어

내	가		언	덕	을		만	들	어
내	가		언	덕	을		만	들	어
내	가		언	덕	을		만	들	어

92

줄테니 쉬어서 가렴.

줄	테	니		쉬	어	서		가	렴
줄	테	니		쉬	어	서		가	렴
줄	테	니		쉬	어	서		가	렴

토끼야, 왜 그렇게 도망가니?

토	끼	야	,	왜		그	렇	게
토	끼	야	,	왜		그	렇	게
토	끼	야	,	왜		그	렇	게

좀 더 놀다가 가렴.

좀	더		놀	다		가	렴	.
좀	더		놀	다		가	렴	.
좀	더		놀	다		가	렴	.

어슬렁어슬렁

아, 호랑이야 너였구나.

토끼를 쫓아가면 안 돼.

어흥

아이, 깜짝이야. 어, 모두 가 버렸네.

그럼 솜사탕을 만들어야지.

커다랗고 새하얀 솜사탕, 나 혼자 다
먹을 거다.

모두 다시 왔구나.

천천히 먹어.

솜사탕은 아주아주 크니까.

⭐ 글자를 예쁘게 따라 써 봅시다.

어슬렁어슬렁

어	슬	렁	어	슬	렁			
어	슬	렁	어	슬	렁			
예	쁜	렁	어	슬	렁			

아, 호랑이야, 너였구나.

아	,	호	랑	이	야	,	너	였	구
아	,	호	랑	이	야	,	너	였	구
아	,	호	랑	이	야	,	너	였	구

토끼를 쫓아가면 안 돼.

토	끼	를		쫓	아	가	면		안
토	끼	를		쫓	아	가	면		안
토	끼	를		쫓	아	가	면		안

아이, 깜짝이야. 어 모두 가 버렸네.

아이, 깜짝이야. 어,
아이, 깜짝이야. 어,
아이, 깜짝어서. 어,

그럼 솜사탕을 만들어야지.

그럼 솜사탕을 만들
그럼 솜사탕을 만들
그럼 솜사탕을 만들

커다랗고 새하얀 솜사탕.

커다랗고 새하얀 솜
커다랗고 새하얀 솜
커다랗고 새하얀 솜

⭐ 다음은 새롬이가 학교 운동장에서 본 것들입니다.
이를 아래에 예쁘게 따라 써 봅시다.

시	소	그	네	철	봉	운	동	장
시	소	그	네	철	봉	운	동	장
시	소	그	네	철	봉	운	동	장

시	소	시	소

그	네	그	네

운	동	장

⭐ 다음은 새롬이가 동물원에 가서 본 동물들입니다.
이를 아래에 예쁘게 따라 써 봅시다.

너	구	리	다	람	쥐	코	끼	리
너	구	리	다	람	쥐	코	끼	리
너	구	리	다	람	쥐	코	끼	리

너	구	리

다	람	쥐

코	끼	리

★ 다음은 새롬이가 동네에서 본 것들입니다. 이들의
이름을 아래에 예쁘게 따라 써 봅시다.

택시	버스	아기	신호등
택시	버스	아기	신호등
택시	버스	아기	신호등

택	시	택	시

버	스	버	스

신	호	등

다음은 새롬이가 엄마를 따라 슈퍼에서 본 것들입
니다. 이름을 아래에 예쁘게 따라 써 봅시다.

두	부	채	소	옥	수	수	바	나	나
두	부	채	소	옥	수	수	바	나	나
두	부	채	소	옥	수	수	바	나	나

채	소	채	소

두	부	두	부

옥	수	수

☆우리집 가까이에서 볼 수 있는 물건입니다.

간	판
간	판
간	판

빵	집
빵	집
빵	집

창	문
창	문
창	문

건	널	목
건	널	목
건	널	목

봄	꽃
봄	꽃
봄	꽃

신	호	등
신	호	등
신	호	등

뭉	게	구	름
뭉	게	구	름
뭉	게	구	름

참	새
참	새
참	새

두	꺼	비
두	꺼	비
두	꺼	비

운	동	화
운	동	화
운	동	화

장	독
장	독
장	독

골	목
골	목
골	목

마	당
마	당
마	당

밀	가	루
밀	가	루
밀	가	루

☆우리집 가까이에서 볼 수 있는 물건입니다.

호	미
호	미
호	미

하	늘
하	늘
하	늘

포	도
포	도
포	도

홍	당	무
홍	당	무
홍	당	무

편	지
편	지
편	지

흰	개	미
흰	개	미
흰	개	미

민	들	레	꽃
민	들	레	꽃
민	들	레	꽃

파 리
파 리
피 리

토 마 토
토 마 토
토 마 토

항 아 리
항 아 리
항 아 리

기 타
기 타
기 타

태 양
태 양
태 양

토 끼
토 끼
토 끼

피 아 노
피 아 노
피 아 노

★우리집 가까이에서 볼 수 있는 물건입니다.

가	방
가	방
가	방

그	네
그	네
그	네

철	봉
철	봉
철	봉

초	콜	렛
초	콜	렛
초	콜	렛

나	무
나	무
나	무

소	방	차
소	방	차
소	방	차

저	녁	노	을
저	녁	노	을
저	녁	노	을

도	끼
도	끼
도	끼

문	방	구
문	방	구
문	방	구

피	잣	집
피	잣	집
피	잣	집

매	미
매	미
매	미

오	리
오	리
오	리

책	상
책	상
책	상

방	앗	간
방	앗	간
방	앗	간

⭐ 받침이 있는 글자를 익혀 봅시다.

산	새
산	새
산	새

상	어
상	어
상	어

신	발
신	발
신	발

소	방	차
소	방	차
소	방	차

여	름
여	름
여	름

복	숭	아
복	숭	아
복	숭	아

은	행	나	무
은	행	나	무
은	행	나	무

언	덕
언	덕
언	덕

돌	멩	이
돌	멩	이
돌	멩	이

초	콜	릿
초	콜	릿
초	콜	릿

얼	굴
얼	굴
얼	굴

버	섯
버	섯
버	섯

보	석
보	석
보	석

떡	볶	이
떡	볶	이
떡	볶	이

☆ 받침이 있는 글자를 익혀 봅시다.

있	다
있	다
있	다

벌	레
벌	레
벌	레

태	양
태	양
태	양

할	머	니
할	머	니
할	머	니

탱	자
탱	자
탱	자

메	밀	묵
메	밀	묵
메	밀	묵

민	물	고	기
민	물	고	기
민	물	고	기

사	막
사	막
사	막

지	렁	이
지	렁	이
지	렁	이

강	아	지
강	아	지
강	아	지

밖	에
밖	에
밖	에

풍	선
풍	선
풍	선

한	글
한	글
한	글

애	벌	레
애	벌	레
애	벌	레

⭐ 받침이 있는 글자를 익혀 봅시다.

펭	귄
펭	귄
펭	귄

보	석
보	석
보	석

마	늘
마	늘
마	늘

하	늘	소
하	늘	소
하	늘	소

방	울
방	울
방	울

짧	아	요
짧	아	요
짧	아	요

괜	찮	아	요
괜	찮	아	요
괜	찮	아	요

   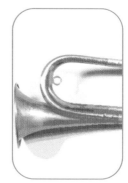

큰	곰
큰	곰
큰	곰

종	달	새
종	달	새
종	달	새

왕	거	미
왕	거	미
왕	거	미

해	님
해	님
해	님

나	팔
나	팔
나	팔

산	소
산	소
산	소

민	들	레
민	들	레
민	들	레

⭐ 이중 모음으로 된 낱말을 따라 써 봅시다.

쉽	게
쉽	게
쉽	게

말	해
말	해
말	해

내	용
내	용
내	용

뛰	어	와
뛰	어	와
뛰	어	와

차	례
차	례
차	례

되	못	다
되	못	다
되	못	다

화	창	했	다
화	창	했	다
화	창	했	다

빨간불이니 멈추자.

옛	날
옛	날
옛	날

애	쓰	다
애	쓰	다
애	쓰	다

외	치	다
외	치	다
외	치	다

네	모
네	모
네	모

화	면
화	면
화	면

개	미
개	미
개	미

계	시	다
계	시	다
계	시	다

⭐ 이중 모음으로 된 낱말을 따라 써 봅시다.

띄	다
띄	다
띄	다

날	개
날	개
날	개

위	에
위	에
위	에

생	김	새
생	김	새
생	김	새

관	심
관	심
관	심

선	생	님
선	생	님
선	생	님

벌	레	예	요
벌	레	예	요
벌	레	예	요

얘	기
얘	기
얘	기

어	느	새
어	느	새
어	느	새

누	워	서
누	워	서
누	워	서

끝	내
끝	내
끝	내

쉬	지
쉬	지
쉬	지

환	자
환	자
환	자

때	로	는
때	로	는
때	로	는

⭐ 이중 모음으로 된 낱말을 따라 써 봅시다.

어	깨
어	깨
어	깨

뛰	고
뛰	고
뛰	고

병	원
병	원
병	원

괜	찮	다
괜	찮	다
괜	찮	다

내	가
내	가
내	가

빙	그	레
빙	그	레
빙	그	레

욕	심	쟁	이
욕	심	쟁	이
욕	심	쟁	이

동	네
동	네
동	네

손	수	레
손	수	레
손	수	레

딸	기	잼
딸	기	잼
딸	기	잼

돼	지
돼	지
돼	지

배	탈
배	탈
배	탈

당	황
당	황
당	황

다	람	쥐
다	람	쥐
다	람	쥐

⭐ 받침이 두 개가 있는 글자를 익혀 봅시다.

많	이
많	이
많	이

없	는
없	는
없	는

밟	다
밟	다
밟	다

여	덟	개
여	덟	개
여	덟	개

얇	은
얇	은
얇	은

흙	무	덤
흙	무	덤
흙	무	덤

괜	찮	아	요
괜	찮	아	요
괜	찮	아	요

핥	다
핥	다
핥	다

옮	기	다
옮	기	다
옮	기	다

되	잖	아
되	잖	아
되	잖	아

앓	다
앓	다
앓	다

까	닭
까	닭
까	닭

철	봉
철	봉
철	봉

앉	았	다
앉	았	다
앉	았	다

★ 받침이 두 개가 있는 글자를 익혀 봅시다.

있	다
있	다
있	다

밖	에
밖	에
밖	새

짧	은
짧	은
짧	새

않	히	다
않	히	다
않	히	다

했	지
했	지
했	지

듣	잖	니
듣	잖	니
듣	잖	니

빨	개	졌	다
빨	개	졌	다
빨	개	졌	다

닦	다
닦	다
닦	다

잃	었	다
잃	었	다
잃	었	다

됐	지	요
됐	지	요
됐	지	요

굶	어
굶	어
굶	어

흙	을
흙	을
흙	을

왔	다
왔	다
왔	다

끓	는	다
끓	는	다
끓	는	다

개정된 국어 교과서에 따른
글씨 바로 쓰기
①-1

초판 1쇄 발행 2018년 7월 20일

글 편집부

펴낸이 서영희 | **펴낸곳** 와이 앤 엠

편집 임명아

본문인쇄 명성 인쇄 | **제책** 정화 제책

제작 이윤식 | **마케팅** 강성태

주소 120-100 서울시 서대문구 홍은동 376-28

전화 (02)308-3891 | **Fax** (02)308-3892

E-mail yam3891@naver.com

등록 2007년 8월 29일 제312-2007-000040호

ISBN 978-89-93557-486-6 63710

본사는 출판물 윤리강령을 준수합니다.